Una nota falsa

Lourdes Miquel y Neus Sans

Una nota falsa

Serie: "Lola Lago, detective"
Título: *Una nota falsa*
Autoras: Lourdes Miquel y Neus Sans

Redacción: Roberto Castón
Diseño: Angel Viola
Ilustración: Javier Andrada
Grabación y edición CD: CYO Studios

Reimpresión: marzo 2013

Edición internacional
ISBN: 978-84-8443-129-9
Edición para Klett
ISBN: 978-3-12-562013-1
Edición para Prentice Hall
ISBN: 0130993778
Edición sin CD
ISBN: 978-84-8443-102-2
Depósito Legal: B-7852-2013
Impreso en España por RARO

   11 12 13   VOSV   17 16 15

En esta historia vas a conocer a estos personajes:

Lola Lago: es jefa de una agencia de detectives en Madrid. En la agencia tienen un caso muy importante: el secuestro de Víctor Monasterio, un cantante muy famoso.

Paco: trabaja con Lola Lago. Es su socio y también su amigo.

Miguel: es el otro socio de Lola. Los tres son detectives.

Margarita: es la secretaria de Lola, de Paco y de Miguel. Está muy preocupada porque han secuestrado a su cantante favorito.

Feliciano: es el chico de los recados. Está enamorado de Margarita pero ella no lo sabe...

Víctor Monasterio: es un cantante muy famoso. Nadie sabe dónde está.

Laureano: es el secretario de Víctor Monasterio. Lleva las cuentas de su jefe.

Carmela: es vecina y amiga de Lola. La quiere como si fuera su propia hija...

Ernesto Salinas: es el manager de Víctor Monasterio. Ha recibido una nota muy rara.

Liliana Valente: es modelo. Está casada con Víctor Monasterio. También ha recibido una nota muy extraña.

1

Hoy es 15 de julio y en Madrid hace mucho calor: 38° de temperatura. Lola entra en su oficina a las nueve y media de la mañana. Está de mal humor. Le duele una muela y ha dormido muy mal.

Lola tiene una agencia de detectives privados. Pero las cosas en la agencia no van muy bien. Todo el mundo está preparando las vacaciones[1] y nadie necesita detectives privados.

En el ascensor, Lola se mira en el espejo. No está muy guapa: tiene media cara como un balón de fútbol. Está cansada y tiene mal color. Todavía no ha ido ningún día a la piscina. Ni a la playa.

Lola tiene dos socios, Paco y Miguel. En su oficina de la calle Alcalá trabajan también Margarita, la secretaria, y Feliciano, que hace un poco de todo: va a buscar los cafés, va a correos y al banco... Feliciano es muy delgado y un poco bizco. Y tiene dos *hobbies*: escribir poemas, poemas de amor para Margarita, la secretaria, y comer bocadillos. A todas horas come bocadillos, por la mañana, al mediodía, por la tarde… Margarita no sabe que Feliciano está enamorado de ella. Margarita es muy buena chica pero tiene un defecto: le encanta hablar por teléfono horas y horas con Tony, su novio. Para ella Tony es mucho más guapo que Robert Redford.

Cuando llega Lola, Feliciano está comiéndose un bocadillo[2] de tortilla y Margarita, naturalmente, está hablando con Tony.

–Sí, mi amor, sí, sí cariño, mi corazón…

–¿Han llegado Paco y Miguel? –pregunta Lola.

–No, todavía, no. Pero Miguel ha llamado. No se encuentra bien –explica Margarita.

Paco y Miguel son dos chicos maravillosos pero siempre llegan tarde. Miguel es muy tímido y se pone enfermo cada vez que sale con una chica. Y ayer estuvo en el cine con una amiga… El problema de Paco es diferente: se enamora todas las semanas de una chica nueva, siempre de chicas extranjeras. Es bajito, gordito y un poco calvo. Pero con las mujeres es como Humphrey Bogart.

–Paco ha llamado a las 9 –explica comiendo Feliciano.

–¿Y…? –pregunta Lola.

–Que va a venir más tarde, que tiene un asunto importante…

–Un asunto importante… ¿Cómo se llama ese asunto importante?

–Creo que se llama Susanne. Es alemana y…

Feliciano no habla mucho pero siempre sabe todo.

–Brrrrrr… –dice simplemente Lola–. ¡Qué equipo!

–¿Qué te pasa en la cara, Lola? –pregunta Margarita.

–¿No lo ves? Una muela, que me duele una muela… –contesta Lola, y entra en su despacho.

Pero Margarita sigue hablando. Margarita siempre habla mucho.

–Pues tienes que ir al dentista porque las muelas son horribles... Yo conozco un dentista muy bueno.

Lola cierra la puerta de su despacho. Cuando se encuentra mal, no quiere oír consejos.

2

–Ayyyyyy... ¡Dios mío! ¡Es terrible! ¡Qué horror! ¡Qué tragedia!

Lola sale corriendo de su despacho.

–¿Qué pasa, Margarita? Pero... ¿qué te pasa?

Margarita está blanca y se seca lágrimas imaginarias con muchos *kleenex*[3].

–¡Una noticia terrible...! No puede, no puede ser...¡Han secuestrado a Víctor Monasterio!

–¿Quéeeee? ¿Cómo? –pregunta Lola–. No entiendo nada.

–Escucha, escucha...

Dice Margarita señalando la radio que tiene sobre la mesa. Margarita, cuando no tiene mucho trabajo, escucha la radio. Ahora dan las noticias en Radio Nacional[4]:

«La policía está investigando la extraña desaparición del famoso cantante Víctor Monasterio. De momento no hay ninguna noticia y nadie sabe dónde está. El concierto de esta noche en el Palacio de Deportes se ha suspendido.».

– ¿Lo conoces personalmente? ¿Es amigo tuyo? –pregunta Lola.

–No, ojalá... Víctor Monasterio es mi cantante preferido, ¿sabes? Tengo todos sus discos. Es... No sé cómo explicarlo... Es el hombre de mis sueños.

– Pero, ¿no es Tony el hombre de tus sueños?

–Sí, bueno..., es diferente... Víctor es tan guapo, canta tan bien...

9

A Lola no le gusta nada Víctor Monasterio. No le gustan nada sus canciones sobre amores imposibles y no lo encuentra nada guapo. Le parece muy hortera⁵. Lleva siempre zapatos blancos y está siempre muy moreno, moreno de rayos UVA. Pero Margarita parece realmente muy triste. Lola intenta tranquilizarla. Verdaderamente es una tragedia para ella.

–Mujer, no te preocupes. La policía lo va a encontrar, seguro...

Feliciano también parece triste. Sabe que él no es el hombre de los sueños de Margarita. Hoy tiene un gran tema para escribir un poema. Ya ha pensado en el título: *Su hombre*. Suena bien. Si supiera tocar la guitarra, haría una canción, una canción como las de Víctor Monasterio... «A lo mejor tengo que aprender a tocar la guitarra.», piensa Feliciano. «Sí, qué buena idea.», piensa. Y toma una decisión: «Voy a estudiar guitarra.».

3

Lola entra otra vez en su despacho. Sólo piensa en una cosa: su muela. Tiene la cara cada vez peor, cada vez más hinchada. Y hace cada vez más calor.

–Tengo que ir al dentista. Odio los dentistas y odio este calor.

Se sienta a mirar unos documentos y se dice a sí misma:

–El secuestro de Víctor Monasterio... ¡Qué buen caso para nuestra agencia!

Ya se imagina la noticia en el periódico:

–«Lola Lago y su agencia de detectives resuelven el secuestro de la estrella de la canción Víctor Monasterio.». ¡Qué buena publicidad para la agencia! Pero, ¡qué tontería! ¿quién nos va a contratar a nosotros?

Coge el periódico y lee los titulares: los precios han subido un 1% este mes y hay 31 000 parados más. Un nuevo caso de corrupción política y una nueva guerra en África.

–¡Dios mío...!

4

A las 11 llega Miguel.

–¿Qué tal?

–Bien, bien, bien...–responde él.

A Miguel no le gusta mucho hablar de sus problemas.

–Pero ..., ¿qué te pasa en la cara, Lola?

–En la cara, nada. Una muela. Tengo una muela fatal. Me duele mucho. ¡Y con este calor...!

–¡Qué horror!

A Miguel le parecen horribles todas las enfermedades y siempre piensa que está enfermo.

–¿Ya has oído la noticia?

–¿Cuál? –pregunta Lola–. Lo de los precios y los parados...

–No, mujer. Lo de Víctor Monasterio...

–¿A ti también te gusta ese hortera?

–No, no... qué va... Pero me parece un caso interesante.

–Sí, interesante, sí. Pero no nos van a contratar a nosotros.

–¿Por qué no?

–Pues porque no.

–Nunca se sabe...[6].

5

A las 12 suena el teléfono. Margarita le pasa la llamada a Lola. Está muy excitada, muy nerviosa.

–Lola... Es... es... es...

– ¿Quién es?

–¡El *manager*! El agente, vamos...

–¿El *manager* de quién, Margarita?

–¿De quién va a ser? ¡¡¡De Víctor Monasterio!!! –puede decir por fin Margarita.

También Lola está ahora un poco nerviosa. Coge el teléfono y dice:

–Lola Lago, dígame.

–Mire, usted no me conoce. Soy Ernesto Salinas, el *manager* de Víctor Monasterio. Ha leído la noticia, supongo...

–Sí, claro, por supuesto... –contesta Lola.

–Quiero hablar con usted.

–Muy bien. ¿Cuándo le va bien?

–¿Puede ser hoy mismo?

–A ver mi agenda... Hoy..., vamos a ver...

Lola espera unos segundos. Así parece más importante.

–Sí, hoy puedo a las dos, ¿le va bien?

–Muy bien, a las dos. En un lugar discreto. ¿Qué tal en el Retiro[7]? En la terraza que está junto al Palacio Veláz-quez[8].

–Perfecto. A las dos estoy ahí. Soy bajita, morena, llevo el pelo corto...

Y piensa: «Y hoy tengo la cara como una pelota de fútbol». Pero eso no lo dice.

–De acuerdo. Yo soy alto, rubio y llevo un traje azul.

–Pues hasta luego.

Lola sale de su despacho y explica a sus compañeros la conversación con Salinas. Todos están contentos. Saben que la agencia de detectives está en un mal momento, como casi siempre. Necesitan nuevos clientes.

6

A la una y media Lola sale a la calle. Hace más calor. Coge su moto, una vespa, y va hacia el Parque del Retiro. A Lola le gusta mucho ir en moto, especialmente en verano. Sigue recto por la calle Alcalá y pasa por Cibeles[9]. En la plaza un taxi la adelanta y le corta el paso.

–¡¡¡Imbécil!!! ¿No tienes ojos en la cara[10] o qué?

El taxista le dice desde la ventana:

–Pero, nena, no te enfades, que te pones muy fea.

A muchos taxistas españoles les gusta meterse con las mujeres que conducen. Lola no lo soporta. También odia los piropos y la palabra «nena»[11].

Sigue hasta la Puerta de Alcalá muy rápido. Lo del taxista la ha puesto de muy mal humor. Frente a una de las entradas del Parque del Retiro, en la Puerta de Alcalá, aparca la vespa.

Entra en el parque a pie. El aire allí es mejor, más fresco y más limpio. Anda lentamente debajo de los castaños. Todavía faltan quince minutos para las dos. Tiene tiempo para tranquilizarse un poco. No quiere estar nerviosa con Salinas.

7

Cuando llega al Palacio Velázquez, hay un hombre muy atractivo sentado en la terraza. Seguro que es Ernesto Salinas: rubio, alto, con un traje azul. Un traje azul muy caro.

–Usted es Salinas, supongo –dice Lola.

–Sí. Y tú, Lola Lago... Perdona, podemos tutearnos[12], ¿no crees?

–Naturalmente. Bueno, pues, usted... Quiero decir tú... Tú dirás...

Lola está todavía un poco nerviosa. ¡Con un hombre tan guapo y ella con esa cara!

Viene un camarero y pregunta qué quieren tomar.

–Yo, una tónica –dice Salinas.

–Pues yo necesito algo fuerte. Tengo problemas con una muela... ¿sabes? Un orujo... Sí, un orujo[13] con mucho hielo.

–¿Algo para picar?[14] –pregunta el camarero.

–Para mí, no.

–Para mí tampoco, gracias.

–Bueno, pues te explico –dice después Salinas–. Te he llamado porque necesito un detective. No confío mucho en la policía. Tengo miedo por Víctor. Él tiene mucho dinero y...

–¿Cómo son vuestras relaciones?

–¿Qué quieres decir?

Lola piensa que Salinas ha reaccionado de una manera extraña. Con un poco de desconfianza, quizá. Parece un poco inseguro.

–Pues que cómo son vuestras relaciones: ¿buenas, malas, regulares...? ¿Sois muy amigos?

–Bueno, sí y no[15]. Somos amigos, pero, a veces, tenemos problemas.

–¿Y cómo son vuestras relaciones económicas?

–Yo soy su agente, su *manager*. Pero a veces también soy el productor de los discos.

–¿Y eso qué significa?

–Que invierto dinero... Que pago la producción.

–Dime la verdad. Un detective es como un médico. Hay que decirle toda la verdad. ¿Por qué estás tan preocupado?

–Estamos terminando un disco. Un disco en el que yo ya he invertido mucho. Y ahora han secuestrado a Víctor.

–Todavía no podemos hablar de secuestro.

–Es un secuestro. Yo estoy seguro.

–Bueno... quizá. ¿Cómo fue? Y dónde.

–Estos días él estaba aquí, en su casa de La Moraleja[16]... También tiene una casa en Estados Unidos, en Miami. Pero ahora estaba en Madrid, para terminar el disco. Yo hablé con él por la mañana. Luego, él comió con unos amigos, se fue a casa y... Nadie sabe cómo fue. Nadie ha visto nada.

–¿Vive solo?

–No, está casado, con Liliana. Liliana Valente. Es una modelo, una *top model*. Es muy famosa. ¿No la has visto en la televisión?

–No. No veo mucho la tele.

–Pues precisamente quiero hablarte de ella, de Liliana. Es algo importante, creo. Esta mañana he recibido esta nota.

Salinas le da una nota a Lola. Es una hoja de papel amarillo con algo escrito a mano.

–«Ernesto: Ella sabe donde está. Una amiga» –lee Lola–. Bueno, sólo dice «ella».

–Sí, de acuerdo, sólo dice «ella». Pero «ella» tiene que ser Liliana.

–No sé, no sé. Todo me parece un poco raro.

–Sí, es raro. Pero yo creo que... Creo que Liliana está detrás de todo esto. Ella no lo quiere. Sólo quiere su dinero. Quiere ser rica, rica y famosa.

–Me parece que no te cae muy simpática Liliana.

–No, no es eso, pero... Es que no confío en ella.

Y Lola piensa irónicamente:

–¡Qué bonito tema para un culebrón[17]! Un cantante rico y famoso casado con una mujer mala que sólo quiere su dinero. Tengo que contárselo rápidamente a Margarita. Esto es mucho más divertido que la tele.

–Además de Liliana, ¿hay alguien más? Algún amigo o amiga sospechosos... ¿La mafia?

–Nunca ha tenido problemas con la mafia... Víctor no tiene negocios sucios. Con su música gana mucho dinero.

–¿Quién administra sus negocios?

–Su secretario, Laureano Montero.

–¿Y qué tal es? Me gustaría hablar con él.

–Laure..., le llamamos Laure. Es un tío raro[18]. No habla nunca. Siempre está solo, no sale... No se parece en nada a Víctor. Es todo lo contrario. Laure es un amigo de la infancia de Víctor, de la escuela.

–¿Confías en él?

–Sí, totalmente. Es totalmente fiel.

–Pero tampoco te gusta mucho Laure.

–Yo no le gusto a él –responde Salinas.

–¿Me das su número de teléfono?

–Sí, es el 3457690. Vive en la calle Ferraz.

–¿Alguna otra información? –pregunta Lola.

–No, creo que no.

–Pues dame la dirección de la casa de Víctor. Vamos a empezar por ahí.

–Paseo de los Álamos, número 45. La Moraleja.

A Lola no le ha gustado mucho Salinas. Pero un cliente es un cliente.

8

Cuando Lola llega a la agencia, hay una nueva sorpresa. Ha llamado una nueva cliente: Liliana Valente, la mujer de Víctor Monasterio. ¡Qué casualidad! Margarita está cada vez más excitada:

—Dice que va a llamar más tarde, que necesita un detective... —explica a Lola.

—Muy bien, muy bien, está bien...

Lola tranquiliza a Margarita. Luego Lola habla con Paco, que ya ha llegado.

—Tengo un trabajo interesante para ti.

—A tus órdenes, nena.

—No me llames nena. Tienes que vigilar a Liliana Valente. Es guapísima, ¿sabes? Una *top model*.

—¡Liliana Valente! La de los anuncios de cava[19] en la tele... ¡Qué buen trabajo! No la voy a dejar ni de día ni de noche.

—Muy bien. Si quieres vamos ahora mismo a su casa, en La Moraleja.

—Vale, vamos. Pero no en tu vespa...

—¿Por qué no?

—Bueno es que estoy un poco resfriado y...

La verdad es que tiene miedo. Lola conduce su vespa como un Fórmula 1.

—Vale... Vamos en taxi, pero va a salir carísimo.

—Sí, pero ahora somos una agencia de detectives importante... ¡¡¡Vamos a ser famosos!!!

—No sé, no sé. Es un caso difícil.

Antes de salir, Lola coge otra llamada. ¡Es increíble! Es la casa discográfica de Víctor, DCT: también buscan un detective...

–Pero, ¿qué pasa? ¿Por qué nos llaman todos a nosotros? No lo entiendo. Miguel, tú vas a hablar con los de DCT, ¿O.K.? Y nosotros nos vamos a casa de Víctor. Yo he quedado con Liliana.

–Todas las agencias de detectives de Madrid están de vacaciones, me parece –dice Paco.

Margarita está muy nerviosa. Hoy no ha llamado a Tony. Lleva todo el día puesto el *walkman*, con el último casete de Monasterio.

–Quiero estar a tu ladoooooooo, siempre a tu ladoooo… –canta Margarita con los ojos en blanco. Es la canción que más le gusta.

Feliciano la mira y piensa que él también quiere estar a su lado. Luego, se come un bocadillo de atún.

9

La casa de Víctor Monasterio es una casa enorme, de bastante mal gusto. «Hortera, como él», piensa Lola. Ahora está rodeada de periodistas y fotógrafos. Lola llama al timbre y se oyen perros. La puerta se abre y un guardia de seguridad[20], que parece un boxeador, la deja entrar. Paco se queda fuera, hablando con un periodista.

El jardín es muy grande y hay una piscina. En la piscina está tomando el sol una mujer muy alta, con un bikini muy pequeño. Lola se acerca a la piscina y se presenta.

Liliana se levanta, sonríe como en un anuncio de la tele y la invita a tomar algo. A Lola le duele mucho la muela y pregunta:

–¿Tienes orujo? Es que me duele mucho una muela y…

Lola cree que lo mejor para las muelas es el orujo. Mucho mejor que las aspirinas.

Liliana llama a una asistenta y le pide las bebidas. Luego empieza a hablar directamente del tema[21].

–Quiero encontrar a Víctor. Estoy muy preocupada. Él es muy importante para mí...

–¿Por dónde podemos empezar? ¿Sospechas de alguien?

–Sí, de eso quiero hablarte...

Lola ve con sorpresa que Liliana saca una hoja de papel amarillo del bolso. Lola ya ha visto una hoja como ésa, en el bolsillo de Salinas, el *manager*. Liliana le da una nota en la que puede leer: «Él sabe dónde está. Un amigo.».

Lola lee la nota pero no dice nada. Es casi igual que la otra.

–Yo creo que «él» es Ernesto Salinas, el *manager* de Víctor. Es un hombre muy... muy ambicioso. Le interesa mucho el dinero de Víctor.

–¿Tienes alguna prueba?

–No, pero sé que la nota habla de él. Víctor no tiene enemigos. Es tan bueno...

–Y tú tan buena actriz –piensa Lola.

10

Cuando salen de la casa, Lola le explica a Paco la historia de la otra nota.

–Perdona, pero no entiendo nada.

–Sí, mira: Salinas piensa que Liliana está detrás del secuestro. Ha recibido una nota. La nota dice que «ella» sabe algo. Y Liliana piensa que Salinas está detrás del asunto. Y ha recibido una nota que habla de «él».

–¡Qué lío! Parece una broma.

–Quizá es una broma. Pero yo tengo una teoría.

–¿Qué teoría?

—Espera, espera... Es demasiado pronto todavía. Necesito más información. De momento, quiero hablar con alguien de esta casa, con la chica que nos ha traído las bebidas, por ejemplo.

—Por cierto, ¿qué tal tu muela?

—Mucho mejor. El orujo es mágico.

11

Esperan en la puerta hasta que sale de la casa la asistenta. Va a comprar. Lleva una gran cesta.

—Hola, perdona... Quería preguntarte una cosa...

La chica está un poco asustada. Muchas veces hay periodistas delante de la casa pero ella no tiene que hablar con nadie. Órdenes del jefe.

Paco se ocupa de la chica. La mira con ojos dulces y le dice:

—Nosotros no somos periodistas... Ya has visto..., trabajamos para Liliana, para encontrar a Víctor... ¿Has visto algo raro últimamente? Antes de la desaparición... o después.

La chica duda pero al final habla. Las mujeres siempre confían en Paco.

—Sí, hay una cosa que no entiendo... Lo de Percy.

—¿Quién es Percy?

—Percy es el perro preferido del señor... Un perro muy lindo[22] y muy bueno. A mí también me gusta. Es un setter...

—¿Y qué pasa con Percy?

—Que tampoco está. ¿Ustedes creen que lo secuestraron también? ¡Qué gente tan mala! ¿No es cierto?

—Muy mala, sí.

—Son malos pero limpios.

—¿Limpios? ¿Qué quieres decir?

21

–Sí, que se llevaron el cepillo de Percy también. Percy tiene el pelo muy largo, hay que cepillarlo todos los días.

Paco y Lola se miran. Todo es muy extraño.

12

Ya son las ocho de la tarde pero todavía hace calor. Paco y Lola andan por una calle tranquila de La Moraleja y hablan un poco del caso.

–Todo es muy extraño.

–Sí, rarísimo.

–Monasterio desaparece. Parece que es un secuestro. Pero nadie pide dinero...

–Y desaparece también el perro...

–Y el cepillo.

–Aquí hay algo raro.

–Paco, lo siento, yo estoy muy cansada. Me voy a casa.

–De acuerdo. Yo me quedo controlando a Valente.

–¿Mañana a las nueve en la oficina?[23]

–¿A las nueve...? ¿Tan pronto...? Es que esta noche yo...

–A las nueve. ¡Taxi! A la Plaza de la Paja, por favor.

–¿Por dónde vamos? –pregunta el taxista[24].

–No sé, está mal por todas partes...[25]

13

Lola llega a su casa. Vive en una plaza muy bonita, en el Madrid de los Austrias[26], en el centro histórico de Madrid.

Sube tres pisos a pie y entra en su casa. Mira la nevera y ve que sólo hay un yogur, una coca-cola y un poco de fruta. Esta semana no ha tenido tiempo de ir a comprar. Se acuerda de su vecina Carmela y decide ir a pedirle unos huevos porque tiene hambre.

Carmela es una mujer mayor. Tiene unos sesenta años y pesa unos noventa kilos. Es una mujer fantástica. De joven trabajó en el teatro y siempre explica historias interesantes. Carmela cocina muy bien y a veces Lola cena en su casa. Entonces, Lola le cuenta los casos de la agencia. Carmela, además, siempre le da buenos consejos.

Cuando Carmela abre la puerta dice:

–Pero ¿qué te pasa? ¡Qué mala cara…!

–No es mala cara. Es que me duele una muela.

–¿Has cenado?

–No, y tampoco he comido…

–Ay, Dios mío, qué chica. Entra, entra… Ven a tomar un poco de gazpacho[27] y una cervecita bien fría…[28]

Naturalmente, Lola cena en casa de Carmela.

Después de cenar, ven las noticias de la tele. Hablan del caso Monasterio.

–¡Qué horror! Pobre chico…

–¿A ti también te gusta, Carmela?

–Claro… Mucho. ¡Canta muy bien y es muy guapo!

–Nada de nuevo sobre la desaparición de Víctor Monasterio. La mujer del cantante ha contratado a una agencia de detectives…–dice el presentador del telediario[29].

–Somos nosotros. Lola Lago, Agencia de Detectives.

–¿De verdad? ¡Mi niña[30]…! ¡Qué bien! ¡Qué importante es mi Lolita[31]…!

Luego, Lola le explica a Carmela la historia: las llamadas de Salinas, el *manager*, y de Liliana; las notas que han recibido éstos; el disco que no está terminado, y la desaparición del perro y del cepillo.

–Muy raro. Los secuestradores no cepillan a los perros de los secuestrados.

—Eso pienso yo también —dice Lola—. Y ahora, Carmela, lo siento, pero me voy a dormir. Mañana va a ser un día muy duro.

—Buenas noches, bonita… Que descanses —le dice Carmela desde la puerta.

14

Al día siguiente, en la oficina, Margarita sigue triste y nerviosa.

Feliciano trabaja en la letra de su canción para Margarita: *Su hombre*.

—Su hombre, su hombre es él, y no soy yo, yo le soy fiel…

A las nueve y diez, llega Paco. Lola y Miguel ya están en la oficina. Paco está muy cansado pero trae noticias. En la mano lleva un pequeño casete, como los de los periodistas.

—¿Has encontrado algo interesante?

—¡Muuuuy interesante! Verás: a las diez de la noche sale Liliana de la casa de La Moraleja, en un Jaguar, con su chófer, el boxeador. Yo cojo un taxi y les sigo. Llegan a Las Ventas[32]. Allí, Liliana entra en un bar, un bar normal, de barrio… Un bar con televisión, máquina tragaperras, olor a aceite…[33]. Y… ¿quién está allí? Nuestro amigo Salinas…

—¿Y como sabes que era él?

—Alto, rubio, elegante. Ella le llama Ernesto…

—Sí, es él.

—Yo me pongo a su lado con el casete de 007, de James Bond…

Margarita se ríe.

—¿De qué te ríes? —pregunta Paco muy serio.

—Hombre, tú y Sean Connery no os parecéis mucho…

—Muy graciosa… Me parezco más a Roger Moore. ¿Sigo?

—Esto es muy serio, chicos —dice Lola.

–Sigue, por favor –dice Miguel.

–Yo les grabé con el casete... ¿Queréis escuchar la conversación?

–Claro, Paco, naturalmente...

Paco pone la grabación.

–Explícame... ¿qué quieres? ¿Dinero? ¿Más dinero? –le pregunta Salinas a Liliana. Está muy excitado.

–Yo no he hecho nada. Yo no sé nada. Yo estaba de acuerdo con nuestro plan. El 50% para mí es suficiente. Tú y yo trabajamos juntos, ¿no?

–Bip, bip, bip, plinc, bip, bip, bip, plinc...

–¿Y eso qué es? –pregunta Lola extrañada.

–Una máquina tragaperras.

–¿Cómo?

–Sí, lo siento, no pude grabar más. Una señora se puso a jugar con la máquina. Exactamente al lado. Después, los dos se fueron.

–¿Juntos?

–No, separados.

–Bueno, pues vamos a estudiar lo que dicen en la cinta: «nuestro plan», «el 50%», «trabajamos juntos»... ¿Qué significa todo esto?

–Pues está muy claro... Ellos estaban de acuerdo. Y ahora no. No confían el uno en el otro. Con las notas...

–Quieren dinero...

–Sí, dinero sucio, dinero de Víctor.

En un rincón de la oficina está Margarita con sus pañuelos de papel.

–Sniff, sniff... Pobrecillo, pobre Víctor.

–«Tu» Víctor está muy bien, Margarita, mejor que antes, creo.

–¿Tú crees? –Margarita mira a Lola con esperanzas.

–Sí... pero, ¿dónde está? –dice Paco.

15

Pero Paco tiene aún otra información interesante. Ayer, en La Moraleja, habló con un periodista de una revista del corazón.

–Parece que Liliana y Víctor se llevan muy mal. Están a punto de divorciarse...

Margarita sonríe. Todavía hay esperanzas...

–Tenemos que ver a alguien.

–¿A quién?

–A Laureano Montero, el secretario –dice Lola–. Él lo sabe todo sobre el dinero de Víctor.

Lola llama a Laureano y queda con él en una terraza del Parque del Oeste, en Pintor Rosales[34].

Cogen la vespa y van hacia allí. Paco va sentado detrás, muerto de miedo.

Miguel, mientras, vigila en La Moraleja, en la casa de Monasterio. Pero allí no pasa nada. Los fotógrafos han hecho un verdadero cámping alrededor de la casa y esperan. Miguel lleva también una cámara. Así parece un periodista más.

Lola y Paco llegan a la terraza antes que el secretario de Monasterio. Toman unas cervezas y unos boquerones. Lola ya no necesita orujo. Tiene la muela un poco mejor. Unos diez minutos después llega Laure: es bajito, muy delgado, un poco femenino. Parece muy tímido. Lola piensa que es como Feliciano pero con ropa elegante, de Christian Dior. Después de las presentaciones, Lola le pregunta directamente:

–¿Qué opinas tú de la desaparición de Víctor? Tú eres su mejor amigo, ¿no?

–Sí, bueno, no sé... Él es mi mejor amigo... Yo no estoy preocupado.

–¿Por qué?

–Él está bien.

–¿Cómo lo sabes?

–Lo sé...

–¿No quieres explicarnos nada?

–No. Trabajáis para ellos, ¿no?

–¿Ellos?

–Sí, claro, para Liliana y Salinas...

–Sí, trabajamos para ellos, pero somos gente seria.

–Ellos no son gente seria. Son mala gente. Lejos de ellos, Víctor está mejor.

–Sólo una pregunta. Es muy importante.

–Dime.

–Si le pasa algo a Víctor...

–Quieres decir si muere...

–Bueno..., sí.

–Hay un contrato. Yo estaba en contra pero Víctor lo firmó. Los derechos de sus canciones quedan 50% para Liliana y 50% para Salinas.

–Gracias por todo. A nosotros Liliana y Salinas tampoco nos gustan... Creo que ya no son nuestros clientes...

Por fin Laure sonríe un poco y Lola piensa:

–Cuando sonríe, tiene unos ojos bonitos.

16

Paco y Lola suben a la vespa en silencio. Van hasta la oficina sin hablar.

En la oficina hay reunión general. Todos están muy serios. Tienen que tomar una decisión.

Lola habla primero.

–Yo, personalmente, no quiero trabajar más para Salinas y Liliana. Creo que cuando ellos hablan de «su plan» hablan de matar a Monasterio. Monasterio no está secuestrado. Se ha ido. Se ha ido con su perro Percy, lejos del peligro.

Todos están callados, serios.

–¿Hablamos con la Policía? –pregunta Miguel.

–Sólo tenemos una teoría –dice Paco–. No tenemos ninguna prueba. Ya sabes cómo es la Policía...

De pronto entra Margarita histérica.

–¡Lo tengo! ¡Lo tengo! ¡Lo tengo!

–Loca... Está loca –dice Paco.

–¿Qué pasa? ¿Qué tienes? –pregunta Lola.

–¡A él, a Víctor Monasterio! Sé dónde está....

–¿Quéeeeeeee? –dicen todos a la vez.

–Sí, sé dónde está. Esta mañana he llamado a mi amiga Adelina, la de mi pueblo, para explicarle todo. Ayyyy... Estoy tan nerviosa... A ella, a mi amiga Adelina, también le gusta mucho Víctor. Tiene todos sus discos...

–Bueno, sí, ¿y qué? –pregunta Lola impaciente.

–Pues se lo he explicado todo. Y también lo del perro, lo de Percy: un perro rojizo, con el pelo largo... Y entonces Adelina me dice: «Dios mío, entonces es él... Está aquí en el pueblo, en Villasalencia del Robledal». Villasalencia del Robledal, provincia de Badajoz, es mi pueblo. Y el pueblo de Adelina. Ella le ha visto y ha pensado: «Se parece a Víctor Monasterio, pero no puede ser él». Está viviendo en una casa, en el monte, a unos tres kilómetros del pueblo.

–¡Vamos a ser famosos! Margarita, ¡eres fantástica! Llama a Adelina: tiene que vigilar la casa del monte. En tres horas estamos allí.

–¿Vamos en moto? –pregunta Paco con terror.

–No, tranquilo, en el coche de Miguel.

17

Cuatro horas después están en Villasalencia. Es un pueblo blanco, con balcones de madera y flores en los balcones. Hace mucho calor. Están allí Miguel, Paco, Lola y también Margarita. No ha querido quedarse en Madrid: ella ha resuelto el caso, ella ha encontrado a Víctor.

Adelina les espera en la carretera, en la entrada del pueblo. Luego, les lleva hasta una casa de las afueras. Es una casa de campo, en una dehesa³⁶. Miguel aparca el coche cerca de la casa, a unos 50 metros. Todo está muy tranquilo. Bajan del coche y se acercan a pie. De pronto se oye un piano y una voz que canta una canción:

–Solo, muy sooooooolo, sin tiiiiiiiiiiiiiiii...

A Lola le parece muy cursi, pero Margarita y Adelina sacan los *kleenex*.

Se quedan unos minutos callados, junto a la puerta. Entonces aparece un perro, un *setter* irlandés precioso.

–¿Veis? Es él... Está aquí. ¿Creéis que está solo? ¿O está secuestrado?

–Solo, está solo. Quiere estar solo –dice Paco.

–Esperadme aquí. Quiero hablar con él. No vamos a ir todos, ¿no?

Margarita y Adelina se quedan, pero con mala cara.

Lola llama a la puerta.

Víctor Monasterio abre la puerta. Es mucho más bajito de lo que parece en la tele. Más bajito y más feo. Y un poco calvo. Parece tranquilo. Mira a Lola y le dice:

–Eres Lola Lago, ¿no?

–¿Cómo lo sabe?

–Mi amigo Laure me ha hablado de usted. Vamos, de ti. Podemos tutearnos, ¿no?

—Sí, claro.

—O sea que él te ha ayudado...

—Exacto.

—Es un buen amigo. Seguramente el único que tengo. Pasa, por favor.

—Víctor..., sólo una pregunta: ¿qué haces aquí?

—Escapar, descansar, escribir canciones...

—¿Escapar? ¿De tu mujer, de tu amigo Salinas?

—Sí, no es una broma. ¿Sabes? Quieren asesinarme...

—¿Cómo lo sabes?

—Es una larga historia. Laure oyó una conversación: mis cafés tenían pequeñas dosis de un producto, ¿sabes? Un producto muy peligroso. Ese producto, si lo tomas durante un tiempo, produce un infarto. O sea, «muerte natural». Salinas estudió Medicina antes de entrar en el mundo de la música.

—¿Y ahora qué vas a hacer?

—No lo sé. Ir a la policía. Divorciarme, romper los contratos con Salinas... No lo sé. A lo mejor me quedo aquí...

—Sólo una pregunta más: ¿quién escribió las notas?

—Laure. Laure tiene muy buenas ideas. ¿Quieres saber un secreto? Es él quien escribe mis canciones...

—Sí, lo de las notas fue una idea muy buena. «Divide y vencerás»[37].

—Si Liliana y Salinas no están juntos, no son tan peligrosos. Y ahora... ¿vas a explicarles a tus clientes dónde estoy?

—No, tranquilo, ya no son mis clientes.

—Por cierto... ¿Cómo me has encontrado?

—Unas fans te han encontrado.

—¿Unas fans?

—Sí, están ahí fuera. Y quieren verte...

Víctor sale de la casa. Ahora es otra vez la estrella de la canción. Coge dos rosas del jardín. Va hacia Margarita y

Adelina, les da las rosas y un beso a cada una. Margarita casi se cae de la emoción y Lola piensa:

—Es un hortera.

18

Al día siguiente llegan todos muy pronto a la oficina. A las diez, Feliciano sube con los periódicos y con unos cafés[38]. Está un poco nervioso porque ha dejado en el cajón de Margarita su último poema. Anónimo, claro. Deja los periódicos, sin mirarlos, en la mesa de Lola. Y Lola empieza a gritar:

—¡Chicos! ¡Venid! ¡Mirad esto...!

En la primera página hay una foto de Lola y otra de Víctor Monasterio.

—«La detective Lola Lago aclara el misterio de la extraña desaparición de Víctor Monasterio.» —lee Lola.

—¿Lo veis? ¡Somos famosos! Ahora sí vamos a tener clientes... —dice Paco.

—¿Y yo? ¿No hablan de mí? —pregunta Margarita, un poco enfadada.

—Sí, mujer, mira, aquí, más abajo...

Margarita lee el artículo. También habla de Margarita y de Adelina, y de Villasalencia. Luego pregunta:

—¿Y cómo saben todo esto los periodistas?

—Bueno, yo..., es que tengo un amigo que trabaja en la Agencia EFE[39]...—confiesa Miguel— y he pensado que nadie nos va a pagar este caso. Al menos un poco de publicidad, ¿no?

—Eres un buen hombre de negocios.

Luego, empieza a sonar el teléfono. Llamadas y llamadas para hacerles entrevistas. Pero hay una llamada diferente. Es Laure Montero que quiere hablar con Lola.

–Quiero hablar contigo. No fui muy amable el otro día y... ¿Por qué no comemos juntos?

Lola se acuerda de sus bonitos ojos, cuando sonríe.

–De acuerdo. Hay un pequeño restaurante en mi barrio...

–¿Te recojo en tu oficina a las dos y media?

Cuando salen juntos de la oficina, cinco periodistas les atacan con sus cámaras y sus micros. Ni Lola ni Laure quieren hablar.

–Vas a ver: esta semana en las revistas van a decir que estamos enamoradísimos –dice Lola.

Laure no dice nada. Sonríe.

19

Por la tarde Margarita empieza a quitar de la pared las fotos de Víctor.

–¿Qué pasa? ¿Ya no te gusta? –le pregunta Paco sorprendido.

–Mira, cuando conoces a los famosos personalmente... No sé... Es muy bajito y un poco calvo. Me gusta más mi Tony.

Feliciano muerde con tristeza un bocadillo de sardinas.

NOTAS EXPLICATIVAS

(1) La mayoría de los españoles realizan en agosto las **vacaciones** de verano.

(2) Los españoles preparan **bocadillos** con muchas cosas: embutidos, pescado en conserva, tortilla, etc.

(3) Es común utilizar en España la marca **Kleenex** para referirse a un pañuelo de papel.

(4) Radio Nacional de España es la emisora estatal de radio.

(5) Hortera significa vulgar, de mal gusto, pero con pretensiones.

(6) Nunca se sabe, es una expresión que se usa para decir que algo puede suceder, aunque parezca difícil.

(7) El **Parque del Retiro** es un gran parque situado en el centro de Madrid. Dentro hay muchos bares con terrazas para tomar algo.

(8) El **Palacio Velázquez** está dentro del Parque del Retiro. Es un edificio del siglo XIX, que actualmente sirve como sala de exposiciones.

(9) La **Cibeles** es un símbolo clásico de Madrid. Es una fuente situada en el cruce de dos céntricas calles: la calle Alcalá y el Paseo del Prado.

(10) ¿No tienes ojos en la cara? es una frase hecha. Se usa para expresar enfado cuando alguien no ha visto algo.

(11) Un **piropo** es una frase que una persona dice a otra, elogiando su belleza. **Nena** es una forma familiar y un poco paternalista de dirigirse a una mujer joven. Literalmente significa niña.

(12) En España es bastante normal usar **tú** entre personas jóvenes o de mediana edad, incluso en relaciones profesionales.

(13) El **orujo** es una bebida muy fuerte, un tipo de aguardiente, que se produce, sobre todo, en Galicia. Se toma normalmente después de una comida y es poco frecuente que lo tomen las mujeres.

(14) En España, antes de comer o de cenar, es muy normal tomar alguna bebida y comer unas tapas (**picar algo**): unas aceitunas, unas patatas fritas, etc..

(15) Sí y no se usa cuando hay que dar una respuesta con matices, que no puede ser ni totalmente afirmativa, ni totalmente negativa.

(16) La Moraleja es un barrio muy burgués, con casas muy lujosas, situado al norte de Madrid. En la Moraleja viven muchos famosos.

(17) En las cadenas de televisión, en España, se ven bastantes series hispanoamericanas con complicadas historias de amor. Son normalmente muy largas y se llaman, popularmente, **culebrones**.

(18) Tío/tía es una manera coloquial de decir persona, individuo. Por ejemplo: «Pepa es una tía muy simpática.». También es una forma vulgar para dirigirse a alguien: «Oye, tío,...».

(19) El **cava** es un vino espumoso catalán. Es parecido al champán francés y se produce de manera similar. En España es la bebida más consumida para las fiestas. En Navidad hay un gran consumo de cava y mucha publicidad en los medios de comunicación. Los fabricantes de cava más importantes hacen anuncios muy largos y muy caros para la televisión.

(20) En España hay muchas compañías privadas de seguridad. Muchas tiendas, bancos y urbanizaciones utilizan sus servicios para protegerse. Los **guardias de seguridad** llevan normalmente uniforme y armas de fuego.

(21) En España, en las reuniones de trabajo, lo normal es no entrar directamente en **el tema**: se habla de otras cosas primero, para entrar en contacto.

(22) En Hispanoamérica es muy usual la palabra **lindo**, en lugar de bonito, que se usa en el español peninsular.

(23) La mayor parte de empleados de **oficinas** empiezan a trabajar entre las ocho y media y las nueve. A las nueve empiezan los colegios y abren muchos comercios.

(24) Muchos taxistas preguntan al cliente por dónde quiere ir.

(25) En Madrid hay muchos problemas de tráfico.

(26) El **Madrid de los Austrias** es el centro del Madrid antiguo. Hay muchos edificios de los siglos XVI y XVII.

(27) El **gazpacho** es una sopa fría de origen andaluz, que se toma sobre todo en verano. Se prepara con tomates, pimientos, cebollas, ajo, pepino y miga de pan, aceite y vinagre, todo crudo.

(28) Los españoles consumen bastante **cerveza**, especialmente en verano. La cerveza, en España, se suele tomar muy fría.

(29) El **Telediario** es el nombre que reciben normalmente las noticias de la televisión.

(30) **Mi niña**, es una expresión cariñosa, que puede aplicarse también a una mujer joven.

(31) Los diminutivos en **ito/ita** se usan mucho en las familias: Luis/Luisito, Rosa/Rosita, etc. A algunas personas se las llama siempre con el diminutivo. A veces, en cambio, se usan como una expresión afectiva.

(32) Las Ventas es la zona de Madrid que está alrededor de la plaza de toros, la plaza de Las Ventas.

(33) En muchos bares populares, en España, hay un televisor con máquinas para jugar, y suelen ser bastante ruidosos. En la mayoría de bares se puede comer algo, tapas y bocadillos. Muchas de las tapas consisten en cosas fritas en aceite (calamares, pescaditos, croquetas, etc.)

(34) El **Parque del Oeste** y la zona que rodea la **calle Pintor Rosales** ha sido tradicionalmente una zona muy burguesa. Al lado del Parque hay bares con terrazas.

(35) Los **boquerones** son una de las tapas más clásicas. Son anchoas maceradas en vinagre y aliñadas con mucho ajo. Se toman en toda España como aperitivo o tapa.

(36) Una **dehesa** es un campo cerrado en el que pasta el ganado, vacas generalmente.

(37) Divide y vencerás, es una frase clásica que se usa para decir que es muy útil crear problemas entre los enemigos que uno tiene.

(38) En España es muy frecuente tomar un café por la mañana. Algunos españoles lo toman en un bar pero otros se lo hacen llevar a la oficina o al lugar de trabajo.

(39) La **Agencia EFE** es una de las más importantes agencias de prensa en España.

¿LO HAS ENTENDIDO BIEN?

1

En este primer capítulo se habla de una serie de personajes. Consultando el texto, escribe todo lo que sabes de cada uno.

Lola	Paco

Miguel	Margarita

2 y 3

Completa las frases.

1) Margarita está muy......................................porque

....

2) Lola piensa que Víctor Monasterio.............................

....

3) Feliciano también está triste porque.........................

....

4) Feliciano decide que va a......................................

para...

3, 4 y 5

¿En qué capítulos aparecen estas informaciones?

a) A Lola le gustaría resolver el caso del secuestro de Víctor Monasterio.

b) Lola cree que no van a contratar a su agencia para este caso.

c) La agencia no va muy bien porque tienen pocos clientes.

d) Lola quiere demostrar que tiene una agenda muy llena.

e) A Lola no le gusta nada ir al dentista.

f) Lola tiene la cara hinchada porque le duele una muela.

g) Salinas y Lola se citan a las dos en el Retiro.

h) ¡Qué noticias tan horribles trae el periódico!

i) Miguel cree que pueden contratar a la agencia para el caso de Monasterio.

6, 7 y 8

En este resumen de los capítulos hay algunos errores ¿Puedes corregirlos?

Lola va al Parque del Retiro en su coche.

Llega un poco tarde. Allí, en una terraza, se encuentra con Salinas, el *manager* de Monasterio.

Hablan del secuestro y de las relaciones entre Salinas y Monasterio.

Salinas piensa que han secuestrado a Monasterio. Ha recibido una llamada muy rara y sospechosa del secretario de Monasterio.

8

Termina las frases.

1) Paco está muy contento y animado porque.........................

....

2) Margarita está muy nerviosa porque................................

....

3) Lola está muy sorprendida porque...................................

....

4) Feliciano está triste porque...

....

9, 10 y 11

Contesta a estas preguntas:

a) ¿Cómo es la casa de Monasterio?

b) ¿Cómo es su mujer?

c) ¿Qué ha recibido Liliana?

d) ¿Qué piensa Lola de Liliana?

e) ¿Qué opina Liliana de Salinas, el manager?

f) ¿Ha notado algo raro la asistenta?

g) ¿Quién es Percy? ¿Dónde crees tú que está?

13

Explica en pocas líneas quién es Carmela y cómo es la relación que tiene con Lola.

14 y 15

Paco ha grabado una conversación muy interesante y Laure también les explica cosas importantes. ¿Tienes alguna hipótesis ahora sobre el caso? Escríbela y explica tus razones.

16

Relaciona las frases del cuadro gris con las del cuadro blanco.

a) Lola sospecha...
b) Margarita tiene una amiga...
c) Adelina ha visto a un hombre...
d) Lola espera...

1) ...que se llama Adelina.
2) ...que Liliana y Salinas quieren matar a Víctor.
3) ...resolver el caso en Villasalencia.
4) ...que se parece a Víctor Monasterio.

17

Completa este resumen del capítulo.

a) Lola, sus socios y Margarita van en coche a.............................

....

b) Adelina les espera. Les acompaña hasta................................

....

c) Víctor explica a Lola que..

....

d) Lola le dice que ya no trabaja para...

....

18

¿Crees que surgirá una historia de amor entre Lola y Laureano
después de su cita? ¿Por qué?